京剧四大名旦

吉林出版集团有限责任公司

吉林文史出版社

◎◎ 主编 金开诚

◎ 编著 甫 艳

图书在版编目（CIP）数据

京剧四大名旦／金开诚著．—长春：吉林文史出版社，2011.10（2022.1重印）
（中国文化知识读本）
ISBN 978-7-5472-0870-0

Ⅰ.①京… Ⅱ.①金… Ⅲ.①梅兰芳（1894～1961）－生平事迹②程砚秋（1904～1958）－生平事迹③尚小云（1900～1976）－生平事迹④荀慧生（1900～1968）－生平事迹 Ⅳ.① K825.78

中国版本图书馆 CIP 数据核字（2011）第 208900 号

京剧四大名旦

JINGJU SIDAMINGDAN

主编／金开诚 编著／甫 艳
项目负责／崔博华 责任编辑／崔博华 高原媛
责任校对／高原媛 装帧设计／李岩冰 董晓丽
出版发行／吉林文史出版社 吉林出版集团有限责任公司
地址／长春市人民大街4646号 邮编／130021
电话／0431-86037503 传真／0431-86037589
印刷／三河市金兆印刷装订有限公司
版次／2011 年 10 月第 1 版 2022 年 1 月第 4 次印刷
开本／650mm×960mm 1/16
印张／9 字数／30千
书号／ISBN 978-7-5472-0870-0
定价／34.80元

前　言

　　文化是一种社会现象，是人类物质文明和精神文明有机融合的产物；同时又是一种历史现象，是社会的历史沉积。当今世界，随着经济全球化进程的加快，人们也越来越重视本民族的文化。我们只有加强对本民族文化的继承和创新，才能更好地弘扬民族精神，增强民族凝聚力。历史经验告诉我们，任何一个民族要想屹立于世界民族之林，必须具有自尊、自信、自强的民族意识。文化是维系一个民族生存和发展的强大动力。一个民族的存在依赖文化，文化的解体就是一个民族的消亡。

　　随着我国综合国力的日益强大，广大民众对重塑民族自尊心和自豪感的愿望日益迫切。作为民族大家庭中的一员，将源远流长、博大精深的中国文化继承并传播给广大群众，特别是青年一代，是我们出版人义不容辞的责任。

　　本套丛书是由吉林文史出版社组织国内知名专家学者编写的一套旨在传播中华五千年优秀传统文化，提高全民文化修养的大型知识读本。该书在深入挖掘和整理中华优秀传统文化成果的同时，结合社会发展，注入了时代精神。书中优美生动的文字、简明通俗的语言、图文并茂的形式，把中国文化中的物态文化、制度文化、行为文化、精神文化等知识要点全面展示给读者。点点滴滴的文化知识仿佛颗颗繁星，组成了灿烂辉煌的中国文化的天穹。

　　希望本书能为弘扬中华五千年优秀传统文化、增强各民族团结、构建社会主义和谐社会尽一份绵薄之力，也坚信我们的中华民族一定能够早日实现伟大复兴！

目录

一、京剧概述

（一）京剧简介

京剧至今已有两百多年的历史，堪称中国的"国粹"。京剧亦称"皮黄"，"西皮"和"二黄"两种腔调组成其音乐素材，还兼唱柳子腔、吹腔等一些地方小曲调和昆曲曲牌，用胡琴和锣鼓等伴奏，有"国剧"之称，于1840年前后形成于北京，在二十世纪三四十年代颇为盛

行。如今京剧仍是中国最大剧种，具有广泛的影响力。它的行当（指京剧中的不同类别）丰富全面、气势弘美、表演成熟，成为近代中国戏曲的代表。2010年11月16日，联合国教科文组织将京剧列入"人类非物质文化遗产代表作名录"。

京剧作为北京的文化品牌的代表，又称为"京戏"。清朝乾隆末年四大徽班进京，于嘉庆、道光年间同来自湖北的汉调艺人合作，彼此影响，吸取了昆曲、秦腔等部分剧目、曲调和表演，还采取了一些民间小调，遂融合发展，演变成京剧。外国人称之为Peking opera。京剧约有一千个传统剧目，经常表演的也有三四百个剧目，其中除徽戏、汉戏、昆曲和秦腔之外，还有众多剧目是京剧艺人和民间作家自己编写而成的。京剧故事多取自历史演义和小说话本，除有正本的大戏和大量的折子戏外，还有许多连台本戏。京剧的表演擅长表现历史素材的政治和军事斗争。

京剧源于徽剧，脱胎于汉剧，成长于清代的北京，其发展经历了清代、民国和中华人民共和国三个时代，也是中国有史以来发生最大变革的时代。正因如此，京剧才有了对中国文化多方位、多视角的批判与继承，才有了高品位、高水平的风格与特点。随着京剧的发展，人们在创作中愈加精益求精，尤其是注重挖掘传统文化中的精华，不断充实京剧的形式和内容，在思想内容和艺术表现手法上也日臻完善。

（二）京剧角色

京剧角色的行当划分可谓细致严格，早期可分为生、旦、净、末、丑、武行、流行（龙套）七行，后又归成生、旦、净、丑四个行当，并在每一行当中再进一步进行细致分工。"生"为除花脸和丑角之外的男性角色的统称，其中又分老生（须生）、小生、武生、娃娃生。"旦"则为女性角色的统称，其内部又分为正旦、花旦、闺门旦、武旦、老旦、彩旦（摇旦）、刀马旦。"净"，俗称花脸，多扮演在性格、品质或相貌上有些独特的男性人物，其音色洪亮、风格粗犷、化妆采用脸谱。"净"还分为大花脸和二花脸，前者以唱功为主，如包拯；后者以做工为主，如曹操。"丑"俗称小花脸，鼻梁上抹有一小块白粉，扮演喜剧人物。

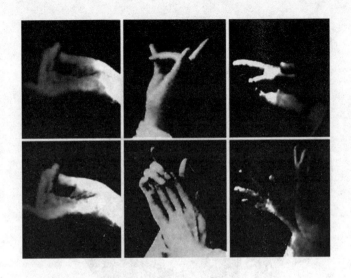

(三)京剧艺术特色

京剧是综合性表演艺术,包括唱、念、做、打的京剧表演将这四种艺术手段融为一体,既是其表演方式,亦是表演基本功。唱指歌唱;念指伴有乐曲的念白,两者表演相辅相成,构成歌舞化的京剧表演艺术两大要素之一的"歌";做指舞蹈化的形体动作;打指武打和翻跌的技艺,两者结合,构成歌舞化的京剧表演艺术的另一要素"舞"。唱念做打四种技艺的功夫被称为"四功五法"的"四功"。

顾名思义，"唱"即是唱功；"念"指的是含有音乐性的念白；"做"即指表演，称做功；"打"则是指武功。戏曲演员自幼就在这四项基本功上苦心训练，虽然演员各自主攻的行当不同，有擅长唱功的（老生），又有擅长做功的（花旦），还有擅长武打的（武净），角色各异，但每一个演员都必须做好唱、念、做、打的基本功，有了扎实的基础和过硬的技艺，才能在舞台上更好地刻画戏中不同人物，进而

展现作为一名京剧艺术表演者的超凡能力与才华。通过程式化的表演手段叙演故事，刻画人物，表达"喜、怒、哀、乐、惊、恐、悲"的思想感情。

脸谱是京剧中最有特色的艺术。人物的忠奸、美丑、善恶、尊卑，都能通过脸谱表现出来。譬如：红色描绘人物的赤胆忠心，紫色象征智勇刚义，黑色体现人物富有忠心正直的高贵品格，白色暗喻人物生性奸诈、手段狠毒，蓝色喻意刚强勇猛，黄色表示人物残暴，金色和银色多用于神佛、鬼怪，以示其金面金身，象征虚幻之感。

京剧韵味醇厚、耐人寻味。经过无数艺人长久的舞台实践，京剧艺术在文学、表演、音乐、唱腔、锣鼓、化妆、脸谱等诸多方面构成了一套相互制约、相得益彰的格律化和规范化的程式，其艺术手段丰富，用法严格。若要完成京剧舞台的艺术创造，就必须很好地驾驭这些程

式。京剧形成之早期便进入宫廷，这就要求它表现更宽广的社会生活领域，塑造更多类型的人物，在技艺方面也必须更为完整全面，舞台形象的审美也要求甚高，因而京剧的发展则使其民间乡土气息减弱，纯朴粗犷的风格变得淡薄，其成长与发展相对于其他地方剧种有所差异。京剧表演细腻精致，唱腔声情并茂而委婉悠扬，武戏也用文唱来表演。它超脱舞台空间和时间的限制的最大限度，运用虚实结合的艺术表现手法，进而达到以形传神、形神兼备的极高境界。

（四）京剧形成

京剧形成之时是以唱吹腔、高拨子和二黄为主的徽班，于清朝初年流行于江南广大地区。在唱腔上与其他剧种相互借鉴渗透，因而京剧在其发展过程中也吸收了昆曲、罗罗腔等其他一些杂曲。清乾隆年间，高朗亭带领的第一个徽班进京，为乾隆帝八十寿辰庆贺表演，博得宫廷贵族之赞赏，后又陆续有诸多徽班进京演出，其中著名的便是被后世称为"四大徽班"的三庆、四喜、春台、和春。

乾隆、嘉庆年间，京城政治、经济、文化一片繁荣，各剧种艺人汇集于此，三足鼎立的昆腔、京腔、秦腔相互竞争，徽班与京秦二腔同台演出，故有"京秦不分"之说法，徽班表演博采众长，吸收了秦腔、京腔和

昆腔之表演优势和舞台艺术体制，曾排
演了著名昆腔大戏《桃花扇》。徽班结合
自身的艺术特色，在戏剧领域独占鳌头，
深受广大观众的欢迎，唱腔方面以二黄
调先声夺人，并将五方之音合为一体，剧
目形式多样、选材广泛，表演纯朴真实、
文武兼重。在演出编排上，四大徽班各
有千秋：三庆以轴子突出，即连日上演新
戏；四喜以曲子取胜，擅长昆曲；和春则以
"把子"出众，也就是擅长武戏；春台以
童伶唱戏吸引观众。此外，四大徽班在艺

术经营上各有侧重和独到之处，至道光后期，徽班已在京城占据重要地位，如著名的广德楼、广和楼、三庆园、庆乐园，都以徽班唱戏吸引观众。徽班的发展也正是其向京戏演变的经过，这一嬗变的标志是徽汉合流和黄皮交融，形成以"西皮"和"二黄"为主的唱腔音乐体系，其唱、念、做、打的技艺展现也逐步成熟。

嘉庆年间，最早的汉调演员米应先随春台徽班进京唱戏，扮演正生角色，一经演出，声望显赫，被称为汉调表演的先驱。道光年间，更多的汉调演员加入徽班进京唱戏，在徽汉演员的共同开拓下，将西皮与二黄两种腔调交融，编演众多新品剧目，起初分唱西皮和二黄，后来一些演员兼唱此两种腔调，亦有同出戏剧中先唱二黄，再转西皮，彼此协调，浑然天成。

道光末年涌现大量西皮戏，徽班中皮黄并奏习以为常。据史料记载，道光

二十五年，四大徽班的表演与之后京剧舞台常见的传统表演大体相似，可以说徽班向京剧的嬗变基本成功。但又有说法认为19世纪末20世纪初谭鑫培成名后，京剧才算真正形成，因为那时黄皮戏在音乐和表演上才有了严格的区分；在此之前，仍属于徽调领域。

（五）京剧发展

同治六年，上海新建的满庭芳戏园从天津约来戏班表演京戏，受到观众喜爱，从此京戏开始传入上海，之后上海丹桂茶园又从北京三庆班约来众多京剧表

演艺术家到沪演出，此后更多的京剧名
角陆续南下，如周春奎、孙菊仙、杨月楼
等人，从此上海便成为继北京之后的另
一个京剧表演中心。而这之前的咸丰初
年，上海就已经有徽班和昆班演出，出现
了各剧目同台演出的场面，南方京戏也形
成其独有的特点，也将徽戏的唱腔和表
演方式带入京戏表演之中，极大地丰富
了京剧戏目表演的舞台艺术。光绪五年
起，谭鑫培六下上海，随后梅兰芳等著名
表演艺术家也经常赴沪演出，促进了南

北京剧的艺术交流和京剧艺术的发展。

由于京剧随戏班的流动演出较多，其在传入上海之前，已迅速传播至全国各地。天津、河北一带就是其最早的传播地之一。此外，作为徽班进京的必经之地山东也很早就有京剧表演，早在乾隆年间曲阜孔府就曾安排徽班演员入府演出。京剧早期还传入安徽、湖北和东北三省。20世纪初，传至闽粤、江浙和云南，可谓遍布东南西北。抗战时期，京剧在四川、陕西、贵州、广西等地均有重大发展。

20世纪初，京剧大师梅兰芳三次赴

日演出，并将京剧艺术首次传播到海外；30年代，梅兰芳又率剧团至美国访问演出，获得海外观众的极大好评。此后又赴欧洲，到前苏联等国访问演出，受到国际戏剧界的重视，由此世界各国将京剧视为中国的演剧学派，也将其列入世界戏剧艺术的范畴。从古至今，京剧始终是代表中国传统文化的经典，以其美不胜收的舞台风格和精湛演艺而堪称中国戏剧艺术的精品。

京剧在其发展的不同阶段，各个流派也呈现出不同的特点。京剧作为一种新的剧种，它融合了徽戏、汉剧、昆曲、梆子等许多剧种。最初京剧的流派带有地方文化特质，因其由来自大江南北、不同地域的不同腔调形成。随着京剧艺术的日趋成熟，艺术共识度也逐渐提高，京剧也就朝着表演技艺的专业化及个性化方面深入演进。京剧流派的发展推动了京剧艺术整体格局的建设。一直到谭鑫

培时代，京剧的表演都是以老生为主的戏目。王瑶卿集众多前辈名家的旦角艺术之大成，对旦行进行了革新和再创造，他突破其严格的分工界限，将青衣、花旦、刀马旦的四大艺术手段进行融合、提炼，开拓了新的演艺路径，这使得旦角的发展逐渐达到成熟与鼎盛时期，与之前的生角表演并驾齐驱，自此王瑶卿也成了梨园史上举足轻重的人物。

京剧发展的早中期，流派的创立除其个人表演风格特色之外，往往是对于艺术行当有规范性、宏观性的建设，除了谭鑫培和王瑶卿之外，还有武生中的杨小楼形成其武戏表演的文武兼行之唱法，这种具有哲学艺术观念和艺术准则的武戏文唱法影响到其他京剧行当，传

承数代，直至今日，因而杨小楼享有"国
剧宗师"的美名。在京剧艺术发展到一定
水平之后，各个流派的分工也开始趋于精
细化、专门化，达到更高程度，以往在表
演中大而化之的小地方也变得更加细致
丰富。"四大名旦"可谓是基于不同角度
完成了王瑶卿大师未竟的事业，将中国的
京剧表演艺术推向了巅峰。随着京剧不
断向演艺顶端发展，演员的分工更加细
微明确，许多艺术家都潜心致力于京剧
唱工艺术的发展。

二、四大名旦源起

　　"四大名旦"的称谓是由沙大风于1921年在天津《大风报》创刊号上首次提出的，以区别曹锟内阁大臣程克等四大金刚。1927年6月20日，日本人听花，即辻武雄，在北京《顺天时报》举办评选"首届京剧旦角最佳演员"，梅兰芳、程砚秋、尚小云、荀慧生当选，被誉为京剧"四大名旦"。

　　京剧流派主要指演员的艺术表演风

格和艺术特色，并将这些风格特色予以师承和传播。流派形成不外有三：一是集百家之大成，取其精华，兼容并蓄，融会贯通，而非简单地继承创始人原本的衣钵；二是在表演上符合观众的喜好欣赏，有其独特的艺术创造；三是形成编剧、表演、演员、服装、音乐的艺术风格统一，并建立以主演为中心的表演团队。京剧四大名旦梅（梅兰芳）、程（程砚秋）、尚（尚小云）、荀（荀慧生）就是在继承陈德霖、孙怡云、王瑶卿等前辈艺术特色的同时结合自身的条件进而形成了端庄典雅的梅派，深沉委婉的程派，俏丽刚健的尚派，自然质朴的荀派。

二十世纪的第一个五十年，是中国京剧事业的鼎盛时期。自1917年以来，呈现出流派纷呈的繁盛局面，涌现出大量的优秀京剧演员，这一时期的代表人物有杨小楼、梅兰芳、余叔岩等。因为文人崇尚的雅文化传统在这一世纪遭受灭顶

之灾，便使得京剧显现出其独有的文化

艺术魅力，从而达到了它的全盛时期。

1927年由北京《顺天时报》举办评选

"首届京剧旦角最佳演员"的活动

中，梅兰芳凭演《太真外传》，程

砚秋凭演《红拂传》，尚小云凭演

《摩登伽女》，荀慧生凭演《丹青

引》，荣获京剧"四大名旦"之美

誉。"四大名旦"的脱颖而出，使中

国的京剧发展抵达了高峰，这也是

京剧鼎盛的重要标志。

　　随着四大名旦的出现，极大地提高

了旦角在京剧中的地位，开创了京剧舞台

上以旦为主的格局。对京剧日后的发展起

到了不可磨灭的作用。梅、尚、程、荀四

人声名显赫，在京剧表演上各有千秋，表

演唱腔精益求精，有着各自代表的经典

剧目、师承和传人，四大名旦是京剧界中

的一代传奇，他们的人生迥异，却有着各

自的精彩与光辉。

三、芳华绝代之梅兰芳

（一）梅兰芳简介

梅兰芳（1894—1961），名澜，字畹华，生于北京，祖籍江苏泰州。梅兰芳出身于梨园世家，祖父梅巧玲是"同光十三绝"之一的著名花旦，伯父梅雨田是京剧胡琴演奏家，父亲梅竹芬是著名京昆旦角演员，母亲杨长玉是著名武生杨隆寿之长女。因父母早逝，梅兰芳从小由伯父梅雨田抚养长大。他8岁开始学戏，师从

名小生朱素云的哥哥朱小霞，10岁第一次登台。1913年首次应邀到上海演出，并受到上海观众的热烈欢迎与赞赏，次年再度应邀到上海演出，还吸引了众多来自英国、美国、日本等国家的外籍观众，可谓家喻户晓，其演出盛况空前，由此奠定了他在京剧艺术上独树一帜的基础，成为继王瑶卿之后我国京剧表演艺术

影响最大的旦角演员。1921年与杨小楼合作组织"崇林社"剧团,年末与福芝芳结婚。梅兰芳最擅长演京剧中的旦角。早年曾试演《一缕麻》《邓霞姑》等"时装戏",后又创演《天女散花》《洛神》等"古装戏",此外还有《霸王别姬》《贵妃醉酒》《凤还巢》《穆桂英挂帅》等作品。1927年北京《顺天时报》将梅兰芳选为"伶界大王",又捧为"四大名旦"之首,才定下梅派的百年江山,可谓芳华绝代。

梅兰芳喜好古瓷书画,1915年开始学习绘画,其绘画老师为画家王萝白。之后又结识了陈师曾、金拱北、姚茫父及陈半丁、齐白石等著名画师。他还与收藏家朱翼庵订交,广泛观赏书画和古器物,这都成为他日后积淀和升华艺术素养的宝贵精神之源。作为中国艺术的代表人物,他曾多次赴日本、美国、前苏联等国访问演出,并引起轰动,被美国波莫纳大学和南

加利福尼亚大学授予博士学位。高尔基、阿·托尔斯泰、斯坦尼斯拉夫斯基、萧伯纳、布莱希特、卓别林、范朋克等世界著名作家、艺术家对他的表演倍加肯定与推崇，并将京剧艺术视为世界三大戏剧表演体系之一，使得中国京剧在国际戏剧舞台上占有了重要的一席之地。

（二）梅派艺术

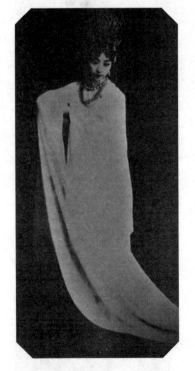

梅兰芳集京剧旦角艺术之大成，综合青衣、花旦、刀马旦的表演特点，他的唱腔醇厚流丽，创造出具有独特唱腔和表演形式的"梅派"。他擅长旦角表演，其扮相端丽、唱腔圆润，台风雍容大方。他曾求教于秦稚芬和胡二更学习花旦，并努力学习昆曲、练习武功，全面广泛地观摩旦角本宫戏和其他各行角色的表演，将长期的舞台实践经验融于更多的戏剧创作之中。梅派艺术在京剧唱腔、念

白、舞蹈、音乐、服装方面均进行了独树
一帜的艺术创新，于20世纪初排演出大
量新的精品剧目，因此他享有梅派大师
的美名。梅兰芳在旧中国已经取得了极
高的艺术成就，他的"梅派"艺术以"少
而约、静而动"的特点开创了京剧艺术的
高峰。他在戏剧表演中塑造了各种不同
的中国古代妇女形象，并将人物的内涵、
个性和丰富思想融于美的形象之中，带
给观众心灵的净化和美的享受。其代表

剧目有：《霸王别姬》《贵妃醉酒》《穆桂英挂帅》《黛玉葬花》《白蛇传》《牡丹亭》《西厢记》《昭君出塞》、《长生殿》《风筝误》《一缕麻》《武家坡》《彩配楼》《玉堂春》《凤还巢》《嫦娥奔月》《春香闹学》《思凡》《游园惊梦》《宇宙锋》《断桥》《洛神》《天女散花》《五花洞》、《穆柯寨》《战蒲关》等，并著有论文《梅兰芳文集》《舞台生活四十年》等，演出剧目编为《梅兰芳演出剧本选集》，此外还拍摄了《梅兰芳舞台艺术》，收入了他各个时期的代表作以及他在片场的生活和在工厂、舞台演出的片段。

梅派传人：梅派弟子很多，著名的有魏莲芳、李世芳、言慧珠、杜近芳等人，其子葆玖也宗梅，颇具乃父风范，其女葆玥，工余派老生。梅葆玖作为京剧艺术大师梅兰芳先生之幼子，他致力于梅派艺术的传承和发展，培养了李胜素、胡文阁、董圆圆、张晶等梅派后学。

江南十月天雨霜人間草木不散芳獨
有溪頭老梅樹面皮如戲生光芒
晚華梅蘭芳

（三）梅兰芳往事

1.艺名由来

梅兰芳的京剧表演虽然很早就蜚声
海内外，但直到16岁他才起了"梅兰芳"
这个艺名。那是1908年秋天的一个早晨，
叶春善（喜连成的班主）与筹资组建喜连
成的开明绅士牛子厚在吉林北山散步，
闲谈之时忽然看见小树林里有人练剑，

那剑被舞得寒光闪闪，风声嗖嗖，舞剑之
人动作敏捷、体态轻盈，牛子厚向来钟爱
京剧，也见识过许多武术高手的表演，但
此番绝伦剑技还真是不多见，于是不禁
连连拍手叫好。正因如此牛子厚认定了
眼前这个气度潇洒、举止端庄、仪表堂堂
的年轻人将来必成大器，是个挑大梁的
料子，便问他可曾有艺名，得知未有，牛
子厚心想这孩子相貌出众、举止脱俗，沉
吟良久道出'梅兰芳'三字，叶春善也欣

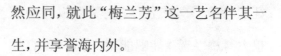

然应同，就此"梅兰芳"这一艺名伴其一生，并享誉海内外。

2.一炮而红

梅兰芳先生在他的回忆录中称，他第一次到上海演出是他一生"重要的关键"，也可以说梅先生正是由于1913年第一次南下上海的演出蜚声海内外。那时他作为汪派传人王凤卿的二牌青衣。对于这个初到上海演出的年轻人，上海剧院方面起初对他并不很重视，即使当时他已有"梅兰芳之青衫，亦为都中第一流人物，色艺之佳，早已名满都下"的上佳剧评。与剧院起初签订合同时，梅兰芳每月包银1400元，而王凤卿每月包银是他的双倍还多。梅兰芳在上海首日登台演出的是压轴剧目《彩楼配》，王凤卿则挑起大轴，表演的是汪派名剧《朱砂痣》；次日梅兰芳演《玉堂春》、王凤卿演《取成都》；第三日由王凤卿、梅兰芳合演《武家坡》。接连三日的打炮戏完毕，梅兰芳

征服观众，享誉上海。剧院老板许少卿
也大赞梅兰芳"能唱能做，有扮相，有嗓
子，无可挑剔"。具有大家风范的王凤卿
为提携后辈特向剧院老板提出让梅兰芳
压一次台，许少卿爽快应允，可见当初并
不看重梅兰芳的他已经开始对梅兰芳刮
目相看了。当时舆论界讲"海上素有'贾
(璧云)党'、'冯(子和)党'，君伫俟之，不
旬日间，将有梅党充塞十里洋场也"，梅
兰芳可谓一炮而红。

3.愤然毁画

梅兰芳曾在赴港时将自己的演出收入存入当地银行，在返回上海后这笔不菲的收入被当时日寇统治下的香港全部冻结，梅兰芳的生活顿时举步维艰。在夫人的建议下梅兰芳开始作画维生。二人着手构思，夫人磨墨，他绘画，几日之内便画出了数幅佳作，市民争相购买，短短两天画便卖完。此事传出，上海文艺界、新闻界、企业界反响十分强烈，许多知名人士提出要为梅兰芳办画展，梅兰芳不负重望，连日画了几十幅作品，主办者选定重阳节之时将梅先生的画作在上海展览馆展出。然而消息不胫而走，日伪汉奸相互勾结，在画展之日肆意捣乱，将画作了手脚。梅兰芳十分气愤，当即将国画毁为碎纸。梅兰芳义愤填膺的毁画之举传遍了大江南北，广大群众纷纷支持，宋庆龄、郭沫若等也发表了声援讲话，赞扬梅先生民族气节凛然，为世人所敬仰。

4.蓄须明志

1937年淞沪战事爆发，日寇占领上海不久，得知蜚声世界的京剧第一名旦梅兰芳住在上海，就派人请梅兰芳到电台讲话，让其表示愿为日本的"皇道乐土"服务。梅兰芳洞察到日本人的阴谋伎俩后，便决定尽快离沪赴港，摆脱日寇纠缠。时隔四年，日军侵占香港，梅兰芳苦不堪言，担心日本人会来找他演戏，在与妻子商量后，决心采取一项大胆举措：留蓄胡子，罢歌罢舞，不为日本人和汉奸卖国贼演出。他对友人说："别瞧我这一撮胡子，将来可有用处。日本人要是蛮不讲理，硬要我出来唱戏，那么，坐牢、杀头，也只好由他了。"梅兰芳蓄须明志不为敌人演出广为中华儿女传颂，传为神州大地感人的佳话，深深地鼓舞了中国人民抵御侵略、奋勇抗战的坚定决心。梅兰芳后来与友人回忆这段沧桑的人生历程，苦涩忧闷地吐露心声："一个演员在表演力旺盛之际，却因抵抗恶劣的社会环境，必

须蓄须谢绝舞台演出，甚至连嗓子都不敢吊，对于一名京剧艺术者来说这是一种无法言喻的痛苦。"后因梅夫人献计，梅兰芳得以逃脱劫难。

5.一睹芳容

丰子恺先生作为文化名流，在美术、文学、音乐、建筑等领域均有建树，可谓才华横溢。由于受五四反传统思想的影响，他颇为欣赏西方文化。对于京剧，在他看来其中的封建主义元素太多，对人

残害至深，因此早年丰子恺并不喜欢看京剧，但他敬仰梅兰芳的爱国情操和高尚人格。抗战胜利后他回到上海，到戏院连续观赏梅兰芳的几场演出后，突然被那美妙的唱腔、艳丽的姿态所震撼，因此他很想一睹芳容，看看卸妆后的梅兰芳究竟是何许模样。如愿所见，丰子恺认为若是按照西方的审美标准，梅兰芳的相貌与身材可以与维纳斯相媲美；再加上他那动听的音调、得体的手势，不禁让他深感梅兰芳简直就是上天创造的一件无比精妙的杰作。如果说文学名家可以透过文字作品使自己不朽，政治家可以通过建功立业使自己流芳百世，那么表演艺术家则必须依靠生命才能把技艺传予后世。然而生命之脆弱和不可预计将会成为一名表演艺术家莫大的遗憾，想到这里，丰子恺便劝梅兰芳多灌唱片，多拍电影，以便把原汁原味的梅派艺术保留下来。但梅兰芳表示难度较大，也许是初次见面，二人未能就这个问题进行深入交谈。从梅家出来已是夜幕降临，丰子恺不由得抱怨道：造物主啊，既然你不能延长生命的使用年限，又为何要把他造得如此精巧呢？

6.感恩之心

梅兰芳去美国访问演出前，得知胡适曾在美留学多年，想必熟悉那里的环境，为了解情况，便登门拜访胡先生。胡先生为人热情，很高兴地接待了梅兰芳，并把美国的风土民情、观众的喜好、欣赏习惯、剧院情况等做了详细介绍，还为梅兰芳取得成功演出而出谋划策。梅兰芳演出归来见到胡适，为之深鞠一躬，以表感激之情，并将自己在美国的演出经历与胡适详谈一番，言语间流露出真诚的谢意。后来胡适在北大任教，梅兰芳则居住上海，胡适每次去上海出差，梅兰芳都要盛情款待一番。一次胡适要去美国参加国际学会，深夜要到上海登船，当时梅兰

芳正在外地演出，得知消息已是傍晚，却
当即推下一切事务，连忙赶回上海为胡适
送行。梅兰芳的感恩之心着实令人钦佩与
赞赏。俗语道，受人滴水之恩，当涌泉相
报，这是我们中华民族的传统美德。

7.情结前苏联

梅兰芳曾率团访问多国，借以宣扬中
国的表演艺术，在此期间结识了许多国
际著名的艺术家、戏剧家、舞蹈家、歌唱
家、作家与画家。1935年和1952年他两度
到前苏联进行演出，获得盛誉。前苏联是

梅兰芳早年留有美好记忆的国度，当年他从莫斯科携回一尊列宁塑像，摆放在北京寓所的书桌上，这尊小小的塑像陪伴了他三十年。在十月革命胜利四十周年之际，1957年中国组织了劳动者友好代表团去莫斯科访问，梅兰芳也作为团员之一去莫斯科参加盛大的纪念活动。代表团应邀去当地戏院观赏歌剧，当东道主介绍来宾报出梅兰芳的名字时，剧场响起雷鸣般的掌声，许多观众高声呼喊起梅兰芳的名字，喝彩声起伏不断，梅兰芳也友好地向莫斯科观众微笑问好，此次莫斯科之行再度引起强烈反响，也轰动了整个前苏联。

1960年冬天开始，梅兰芳就因长年劳累而身体感到不适，转年夏天因难以撑持住进医院接受治疗，医生诊断其为突发性心脏病。1961年8月8日，病情突然恶化，与世长辞，享年68岁，中国戏坛上的一颗巨星陨落了。

万花山坐落于北京香山碧云寺东北侧，山脚下有一座万花娘娘庙，因年代久远寺庙早已毁坏不存，仅留下些残砖断瓦。一年春天梅兰芳路过万花山下，便一眼相中这块风水宝地，于是斥资买下。起初梅兰芳请人在此建造了一些屋舍，这里也就成了梅家一处市外别墅，夏可避暑，冬可消闲，远离世嚣。直到其原配夫人王明华和梅兰芳相继去世以后，这里才变成了一座真正的墓地。今天在离废寺不远的地方，有一处用水泥浇成的一朵大大的梅花，梅花中间就是梅兰芳和两位夫

人王明华、福芝芳的长眠之地。

（四）梅兰芳生平成就

梅兰芳在其京剧表演生涯中取得了极高的艺术成就，也获得了无上崇高的荣誉，为中国的京剧艺术事业走向世界作出了卓越贡献。他曾三次访问日本，1930年访问美国，1935年和1952年两次访问前苏联进行演出，增进了各国人民对中国文化的了解，促进了我国与国际的文化交流，他是将京剧艺术向海外传播的先驱者，使我国京剧艺术跻身世界戏剧之林。他的"梅派"以其独有的特点开创了京剧艺术之高峰。在旧中国梅兰芳就已经为百姓所热爱，解放后他追随时代的潮流，献出自己对祖国和人民的一片赤诚，在各个领域发挥着自己的影响力，理所当然地受到广大群众的极大尊敬与推崇。梅兰芳与斯坦尼斯拉夫斯基、布莱希特并称为世界三大表演体系之开创者与代

表。

1949年新中国成立后，梅兰芳先后当选为全国人民代表大会代表，中国人民政治协商会议全国委员会常务委员，中国文学艺术界联合会副主席、中国戏剧家协会副主席，先后任中国戏曲研究院、中国戏曲学院、中国京剧院院长。1952年被中央人民政府授予荣誉奖，同年冬天出席了在维也纳召开的"世界人民和平大会"。1953年参加了中国人民赴朝慰问团，任副团长并参加慰问演出。1955年中国人民共和国文化部、全国文联、中国戏协联合为梅兰芳、周信芳举办了舞台生活五十年纪念活动及演出，文化部向梅兰芳颁发奖状，并将梅兰芳主演的《梅兰芳舞台艺术》《游园惊梦》等拍成戏曲艺术片，邮电部发行了《梅兰芳舞台艺术》纪念邮票。1957年夏天，瑞典舞蹈协会主席海格尔受国际舞蹈协会委托，专程来北京授予梅兰芳一枚荣誉奖章，他是获得

这一荣誉的第十四人。

梅兰芳于1959年7月加入中国共产党，为祖国的社会主义建设做出了多方面的贡献。他的一生，体现了不断革新、精益求精的敬业精神，他将诸多艺术领域的创作思想融于京剧艺术舞台表演之中，在音乐、唱腔、台词、舞蹈、舞美、服饰、化妆乃至理论教学方面都留下了宝贵的艺术资料和实践积累，形成独特的艺术风格。梅兰芳先生是中国京剧表演艺术的象征，是我国人民的骄傲和光

荣。

（五）梅兰芳故居

坐落在北京西城区护国寺街9号的梅兰芳故居占地一千余平方米，是一座典型的四合院，有两进院落，院门迎面安放着梅兰芳先生的汉白玉半身塑像。院内树木成荫，种有两棵柿子树，两棵海棠树，寓有"事事平安"之意。梅兰芳先生逝世前，在这幽静安适的院落内度过了他生命的最后十年。1984年9月梅兰芳故居被列为北京市文物保护单位，也作"梅兰芳纪念馆"，邓小平同志亲笔书写了馆

名匾额。

梅兰芳纪念馆目前辟有四个展览室：正院北房为"故居陈列室"，客厅、书房、卧室和起居室，各项陈设均保持梅兰芳先生生前原貌。外院南房为"第一陈列室"，展出了精选的图片和资料，扼要地介绍了梅兰芳一生的主要艺术生活和社会活动；内院东房为"第二陈列室"，陈列着梅兰芳生前用过的部分西装、道具以及一些馆藏资料，另一内室为专题展览，不定期更换内容。西房为"第三陈列室"，陈列着国内外友人赠送梅兰芳的书法、绘画和其他纪念品。此外，还收藏有梅兰芳夫人福芝芳及子女在1962年捐献给国家的大量珍贵文物、文献资料。

四、声情美水之程砚秋

（一）程砚秋简介

程砚秋(1904—1958)，男，四大名旦之一，原名承麟，北京人，满族，后改为汉族，姓程，初名程菊侬，1932年起更名砚秋，字御霜。其先祖姓李，祖籍吉林通化、临江一带，壮年入伍，入八旗汉军旗，隶属正黄旗，随多尔衮入关，多有战功。据陈叔通考证，程家祖传牒文显示，程的五世祖当过清朝中期的相国。父亲荣寿，世袭将军之爵，是地道的八旗子弟，母亲托氏。年幼之时家道中落，程砚秋6岁开始学艺，投荣蝶仙门下学习青衣，刻苦练习武功，开始学习武生。程砚秋以惊人的毅力接受了艰苦的的基本功训练，度过他一生中苦痛的童年。后又向著名武生教师丁永利学习戏剧表演。此外，还曾受教于王瑶卿、梅兰芳，并得到文人罗瘿公的帮助。11岁开始登台，以其超凡的文武表演能力崭露头角，获得诸多行家和观众的喜爱。12岁参加营业演出。经梅兰芳与其原配夫人王明华介绍，程砚秋娶果素瑛为妻。生有三子一女，长子程永光，次子程永源，幼子程永江，女儿程慧贞，均未入梨园行。程砚秋擅长演悲剧，他演的剧目大多反映旧社会下层妇女的悲惨命运，如：《鸳鸯冢》《荒山泪》《青霜剑》《英台抗婚》《窦娥冤》等戏。

（二）程派艺术

　　程砚秋在京剧表演艺术上勇于突破传统，革新创造，讲究音韵，注重四声，追求"声、情、美、水"的高度结合，并根据自己的嗓音特点，创造出一种幽咽婉转、起伏跌宕、若断若续、节奏多变的唱腔，以独树一帜的发声技巧形成其独特的风格，世称"程派"。程砚秋的戏剧扮相秀丽，嗓音极佳，唱、念、做、打的技艺

超凡出众，文武之功兼并出彩，他的演艺

使行内外为之耳目一新，曾在北京丹桂

茶园与赵桐珊、刘鸿声、孙菊仙等著名京

剧艺术大家合作表演《朱砂痣》《桑园寄

子》《辕门斩子》等剧。他所创作的角色

典雅娴静，恰如霜天白菊的清峻之美。程

砚秋在表演上无论眼神、身段、步法、指

法、水袖、剑术等方面都有一系列的创造

和与众不同的特点，作为一个完整的艺

术流派，全面展现在京剧艺术舞台上。此

外，他注重借鉴众家之长，将其融于程派

艺术创作之中，在表演风格上形成了别样突出的程式戏剧风格，得到了伶界专家和广大观众的一致好评。程砚秋以其独特的程派艺术为伟大的京剧事业作出了贡献，取得了戏剧领域的不凡成就，其旦角表演达到了炉火纯青的境界，对梨园界的戏曲发展产生了重大而深远的影响。

其代表剧目有：传统剧目而独具程派风格的有《鸳鸯冢》《英台抗婚》《青霜剑》《荒山泪》《亡蜀鉴》《窦娥冤》《四郎探母》《贺后骂殿》《三击掌》《汾河湾》《朱痕记》《玉堂春》《武家坡》《三娘教子》等。新戏则有《文姬归汉》《梅妃》《红拂传》《春闺梦》以及后期的《锁麟囊》《女儿心》等。此外，收在《程砚秋文集》中的《戏曲表演艺术的基础——"四功五法"》和对戏剧实践、创作有着积极指导意义的《谈戏曲演唱》《创腔经验谈》《谈窦娥冤》等文章。

程派传人：程砚秋弟子有荀令香、陈

丽芳、章遏云、赵荣琛、王吟秋、李丹林、新艳秋、侯玉兰、江新蓉、李世济、李蔷华等。再传弟子有李海燕、张火丁、迟小秋、李佩红、刘桂娟（这五人合称为"五小程旦"）、张曼玲、吕洋、周倩、王晓燕、郭伟、赵欢、蒲雪晴、周好璐等。

（三）程砚秋往事

1.学艺生涯

旧时民间戏曲艺人学艺多采用"师徒传承"的教育方式，这种教育方式大体有四种形式：一曰"设堂授艺"，又称"私寓弟子"；二曰"家塾学艺"；三曰"手把徒弟"，又称"私房徒弟"；四曰"拜师深造"，其中"手把徒弟"多是家境贫寒的孩子为求谋生之道才投师学艺，入师门之前先要签订相当于"卖身契"的文书。程砚秋幼年丧父，家贫如洗。为了生计，其母程老夫人将他送给当时的著名京剧

旦角演员荣蝶仙为徒，签订合同为八年，言明病死逃亡，师家概不负责。所以幼年时的程砚秋，除学戏、演出外，还要为师父一家做繁杂的家务劳动，经常遭受打骂，程先生把这段苦不堪言的生活经历称为童年时代最惨痛的一页。好在程砚秋天资聪颖、勤奋好学，13岁时便在天桥东大市浙慈馆票房和丹桂茶园边学戏边借台演出。当时有著名诗人、剧作家罗瘿公慧眼识珠，为程砚秋赎身，使其提前两年出师。后又帮助程砚秋调养嗓子，学习文化，拜谒名师。可谓培育英才，不遗余

力。程砚秋没有辜负罗瘿公的苦心栽培，1927年，在北京《顺天时报》举办的"首届京剧名伶评选"中，年仅23岁便以《红拂传》一剧当选"四大名旦"之一，名震京城，声播海外，更加扬名剧坛。

2.后起之秀

1917年的冬天，上海丹桂第一台的许少卿约程砚秋赴沪演出，那年程砚秋年满13周岁，每月600元包银。程砚秋是应剧院之聘赴上海演出，与另外三大名旦不同的是，他并非初出茅庐的新人，当时在京剧界已经享有名声了。连续十几天的演出，剧院观众爆满，座无虚席，楼上楼下人山人海，备受欢迎，出场时喝彩声如雷贯耳，堪称空前绝后。趁演出空余时间还排演了新戏《梨花记》《龙马姻缘》和《花舫缘》。后来程砚秋在自述中讲由于演出太多，夜以继日地工作，仅唱了一年的戏就把嗓子唱倒了。正因如此，王瑶卿、罗瘿公两位先生劝其应该调养嗓子，

坚决反对他再去上海演出，就这样，程砚
秋再次赴沪演出已经年满十八，距上次
赴沪演出延迟了近五年。程砚秋在艺术
和文化修养上造诣高深，他不仅戏唱得
好，与梅兰芳一样，在个人品德上也有很
好的声誉，在艺术创作中总是勇于创新、
不知疲倦地求索，在思想上不断追求进
步，人们既喜爱他的京剧艺术，又十分敬
佩他的为人，程砚秋取得的成就与其人
生中的三个重要人物有着重要联系，他们
是恩人罗瘿公、夫人果素瑛和入党介绍

人周恩来。不了解程砚秋的人，便不能深入领略他的艺术魅力。

3.逆境求生

程砚秋20岁时，恩人罗瘿公的病故对其打击堪称沉重，他停演数月为恩师致哀守孝，这也成为他艺术生涯中的一段低谷时期。原本社会上冲着罗公的面子而帮扶程砚秋的一些朋友渐渐疏远，可谓人走茶凉，一些阴险之人幸灾乐祸。虽然恩公故去遇到重重困难，然而程砚秋并没有投降后退，他在逆境中求生创业。1924年程砚秋另起炉灶成立了"鸣和社"，许多当红的京剧演员都加入了这个班社，阵容强大。程砚秋用心地为这个崭新的剧团排演新戏，根据越剧《三盖衣》改编的《碧玉簪》作为该班社的第一出新戏，从制曲创腔到身段设计，完全由程砚秋亲自动手。他在创作过程采取了"以腔就字"的新法制曲，并大胆吸收了大鼓、梆子等多种曲调，与程式唱腔结合，

悦耳清新，也符合戏曲特定情境中的人物感情，一经演出便博得好彩，观众甚为喜爱。随后上演的《梅妃》《文姬归汉》《荒山泪》《春闺梦》也都成为脍炙人口的程派名剧。鸣和社成立前后的十余年中，程砚秋不断探索奋斗，在王瑶卿、金仲荪等友人的协同之下将程派艺术推向了又一个演艺新阶段。

4.御霜傲雪

1932年在程砚秋接受开门弟子荀令香的拜师会上，程砚秋向众人宣布改名"砚秋"（原名艳秋），寓意"砚田勤耕为秋收"，同时将原字"玉霜"改为"御霜"。从寓意中我们可以看出程先生绝非是为了改名而改名，这是由于受到当时进步思想的感染，反映了他的社会态度，此次更名有着深刻的内涵，是他思想升华的体现。面对国民党反动统治，他呼吁戏曲界不能没志气，不能做贱骨头，要以战斗的姿态演戏，他要通过演出抵御严霜

般的恶势力，要经砚田的"勤耕"、顽强地磨练，取得更大的收获。不少程派名剧都起到了惩恶扬善、针砭时弊、唤起人们美好感情的作用。他不简单地把演戏看作饭碗，而是长期致力于戏曲艺术改革，通过精湛的表演传达与恶势力和社会不良现象作不屈不挠的斗争的理念。为改革当时戏曲界的不良现状，1932年他自筹经费赴欧洲进行戏剧考察，然而，在旧社会黑暗的反动统治之下，又有几人能真心理解和支持他去实现他的理想和抱负呢！他有着忧国忧民的情怀，有着一名中国人对社会的强烈责任感。

5.中华戏校

1930年，程砚秋办起了中华戏曲专科职业学校，简称中华戏校。众所周知，在旧中国唱戏的人是没有社会地位的，受人轻蔑，甚至摧残，程砚秋对此深恶痛绝，由于致力于戏曲艺术改革，便萌生了如何培养新型京剧人才的念头，这正是他创办中华戏校的初衷和动力。那时中华戏校附属于南京戏曲音乐研究院，程砚秋为该院院长。作为中华戏校的建成者他聘请了焦菊隐、金仲荪先后担任校长，还经常邀请一些对戏曲有所造诣的名人来校讲学，而他本人也会不时为学生授课，他常对学生们说："你们要自尊，你们不是供人玩乐的戏子，不是为了混饭吃而唱戏，也不是为了供人取笑而唱戏，唱戏的最重要品格是教化听戏的。"由此可见程砚秋先生的思想境界之高远。中

华戏曲学校在一定意义上先进于旧式科班，该校废除了供奉祖师爷的旧规和残酷的体罚，并不单一学戏，为培养全面戏曲新型人才还为学生开设了诸多文化课程。为加强艺术修养，还鼓励学生学习书法和绘画，此外成绩优秀的学员还能得到年终奖评。在20世纪30年代的中国，程砚秋先生能对京剧艺术既保留传统的基础，又在内容到形式上拓展思路、革新发展，绝非常人可以做到。中华戏校培养了多批驰名全国的京剧演员，七七事变后由于经费困难，程砚秋曾将自己的院落奉献给中华戏校，但在日伪统治下终因经费拮据而被迫于1940年底停办。虽然中华戏校不再，但程砚秋为京剧事业不辞劳苦、勇于奉献的精神值得后人褒奖与赞颂。

6.抗日助国

1924年，程砚秋从上海演出完毕途经天津，为探望老友便独自留津数日。当他走到出站口之时被两个特务搜身，并被带到隐蔽的地方不分黑白地给以一拳重击，士可杀不可辱，程砚秋予以还击，两日本人见不是对手便狼狈逃去，并恶狠狠地放话以后碰面再算此账，程砚秋镇定自若，回道后会有期。此事很快在梨园界传开，侯喜瑞高兴地称赞他好样的，为民出气。抗战期间程砚秋拒绝演出，也拒绝电台播放他的唱片，因所赚的费

用将被日伪掠去买武器装备，继续残害中国人民，程砚秋坚决不做这种助敌为虐、毫无人性的勾当。1944年初北平日寇突然搜查程宅，将程砚秋带走，经程夫人辗转托人才得以保释，使其免受牢狱之灾。由于社会时局动荡不安，程砚秋谢绝舞台，弃伶为农，归隐西山。两年后抗战取得胜利，程砚秋在电台发表了慷慨激昂的演说，痛斥日寇罪行。程砚秋重登舞台为社会义演，宋庆龄曾请他为中福会募集基金，程砚秋毫不犹豫地一口答应。不久后时局再次恶化，程砚秋目睹国民党的黑暗腐败，感到失望，再度归隐北平青龙桥。

7.西北之行

1949年的冬天，一位来自西安专门邀请京剧名角演出的先生到京特意与梅兰芳、程砚秋、尚小云、荀慧生会面，想邀请四大名旦其中一人去西安公演，演出商谈完毕之后，那先生提议四大名旦难得

相聚一堂，应该合影留念。四人欣然应允
这一提议，便于王府井中国照相馆拍摄了
一张十分珍贵的便装合影，这照片意义
非凡，此后这张四大名旦的合影多次刊
登在各大报纸上，而程砚秋始终将这张
宝贵的照片挂在会客厅内。后据程夫人
说，那位来自西安的先生邀请四大名旦
其一西北之行，而当时除程砚秋外，其余
三位名旦已先有约定之事，因此西北公演
之行便由程砚秋接下，随后率"秋声社"
从京城去往西安。其实早在这之前程砚

秋就已萌生奔赴西北地区实地考察当地
戏曲艺术的念头。西安文艺界为迎接程
砚秋的到来举行了热烈的欢迎仪式。程
砚秋在西安除演出之外，还对戏曲进行了
一番调查探究，为此他将此次西安之旅
称为"求学之行"。通过一番走访观察之
后，他认为各地戏曲均有独特之处，而这
些优势是京剧所不及的，因而他更加坚
定了为中国京剧事业改革之信念。转年，
他将这次西北之行的实地考察情况编写
成《西北戏曲调查小记》，西北之行对程

砚秋的京剧艺术革新具有极大的鼓舞和帮助。这部关于地方戏曲的调查计划一经发表便受到了业内众多人士的高度赞赏。

1957年春天，程砚秋渴望成为中国共产党的一员，便正式向党组织提交了入党申请书。当时在莫斯科世界青年联欢节艺术大赛的开幕式上，程砚秋作为评委出席，正巧遇到在那里访问的周恩来总理，周总理早听说程砚秋有入党的想法，便对他说愿做他的入党介绍人，这是自介绍贺龙同志入党后，30年来周总理首次介绍人入党，程砚秋深受感动，此后戏曲研究院很快通过了程砚秋的入党申请。1958年新春伊始，文化部将率中国艺术团到法国参加国际戏剧节的重任交给他，任务艰巨，为了向世界展示中国独具魅力的戏剧艺术，程砚秋抓紧一切时间指导编排精彩剧目。当他突然昏倒被送进医院抢救时，大家才得知他早已患有

严重的心脏病。病情好转后他焦急地要求出院，声称自己还有许多工作要做，田汉等友人来看望，经大家劝慰才得以稍微平息。1958年3月9日心脏病再次突发，在北京逝世，年仅54岁，他短暂的一生为戏剧艺术事业而鞠躬尽瘁。

对于喜爱程派艺术的人来说，程砚秋的早逝永远是个遗憾。在四大名旦中，他年纪最小，演艺生涯开始得最晚，可他又是他们之中最早逝去的。梅兰芳、尚小云、荀慧生都有后人继承其事业，而程砚秋独树一帜幽咽婉转的"程腔"，却没有由其子女承袭下去。

（四）程砚秋生平成就

1917年程砚秋因调理嗓子暂时告别舞台，他在戏曲外的行业继续深造，他开始学习绘画、书法、电影艺

术、舞拳练剑，这为
其日后的艺术发展奠
定了坚实的基础，也
极大地提高了他的艺
术内涵和审美情趣。

1922年赴沪首次演出取得成功，1923年
再次抵沪，受到上海观众的热烈欢迎，
他的京剧艺术此时已趋于成熟。1925年
至1938年，程砚秋演出的同时还发挥其
集导演和创作于一身的才能，充分显现
了他的综合艺术实力，程派艺术达到了
成熟期，也可以说这段时间也是这位年
轻艺术家戏剧生涯的黄金时期。由于当
时深受进步思想的影响，面对劳苦大众
在黑暗社会中水深火热的现实，他编纂

了众多优秀的反封建、反军阀、反内战、反压迫、反外来侵略战争的具有爱国主义和民族主义思想的剧目，这些作品均寄予了期盼社会和睦与世界和平的深刻意味。代表作如《文姬归汉》《荒山泪》（该片是程砚秋生前创作的最后一部佳作）、《亡蜀鉴》《春闺梦》等。程砚秋将多种艺术元素结合在自己的艺术创作之中，他勇于进行戏剧的革新，于建国初编演了为世人所熟知的《英台抗婚》，这部戏得到戏剧专家和观众们的一致肯定，在唱腔唱词和舞台表演、美术设计等诸多方面做了大胆的创新和突破，有别于传统的京剧艺术风格。1956年北京电影制片厂为其拍摄了电影艺术片《荒山泪》，其中收录了程砚秋的两百多种水袖表演形式。

程砚秋晚年更致力于戏曲教学和舞台艺术经验总结等方面的工作。曾在《戏曲报》《人民日报》《戏剧论丛》以及《戏曲研究》等诸多报刊杂志中发表戏曲表演艺术的论述文章,如《谈窦娥》《谈戏曲演唱》《我的学艺经过》《创腔经验随谈》《与青年演员谈如何学艺》《戏曲表演艺术的基础——"四功五法"》《丰富多彩的中国戏曲艺术》和《略谈旦角水袖的运用》等佳作,在这些文章中,程砚秋既继承传统,又不拘于固有形式,所谓推陈出新,后被程派继承者视为程派艺术的理论核心和基本法则。1949年作为特邀代表参加全国政治第一届会议,1950年当选全国人大代表,中国戏协理事会主席团委员,1953年任中国戏曲研究院副院长,1957年由周恩来总理介绍终于如愿以偿加入中国共产党。程砚秋将其宝贵的一生全部献给了中国京剧艺术事业,为戏剧事业的发展作出了卓越的贡献,可以说他是京剧艺术近百年来所达到的高峰之一,他不仅对京剧旦角同时也对整个京剧、戏曲界产生着深远、

重大的影响，同时他也是一位具有民族气节的爱国主义者，为中国的社会主义建设和社会进步做出了不可低估的贡献。

（五）程砚秋故居

程砚秋故居位于北京市西城区西四北三条39号。程砚秋在世的时候曾多次迁居，这座寓所是他生前最后的寓所，他逝世前的二十年一直居住于此。大门迎面是面影壁，是坐北朝南的两进院落，前后两院由月亮门和垂花门相连。前院北房四间命名为"御霜簃"，程砚秋生前多在此会见客人，其中一间作为书房以供看书学习之用。后院北房六间，其中堂屋两间，西里一间，东里两间则是程氏夫妇生前的卧室，最东头的一间是保姆的住所。还有东西厢房各三间，周边有走廊相连。院落中央有一大天井，左右辟有花坛。此外，还有一个东小跨院，其中有房数间，

饭厅就在此处,属于典型的老北京四合院。

　　程砚秋老母亲甚为喜欢程砚秋买下的这处房子,为答谢朋友便特意在家摆了一桌酒席招待友人。老太太请客人们入座上了席,却叫程砚秋在一旁的小桌子上用餐,桌上只摆了一碟酱菜、几个窝头和一碗小米粥。老太太让他吃这个是告诉他如今虽成了角儿,但不可忘记过去苦难的日子。程砚秋谨记老母亲教诲,点头应声后便坐在一旁吃着桌上的食物,在座的客人无不为眼前这一幕动容。

五、钢喉铁嗓之尚小云

（一）尚小云简介

尚小云（1900—1976），名德泉，字绮霞，生于北京，家中行二，祖籍河北。平南王尚可喜十二世孙，属汉军镶蓝旗。尚小云有三儿一女，其前室为李淑卿，为著名京剧净角演员李寿山之长女，即长子尚长春之生母。尚小云10岁入北京三乐科班学艺，取艺名为"三锡"，初习武生，又学花脸，因前辈们见他扮相英俊、秀丽，渐改

学习旦行青衣，师从青衣名家孙怡云，后改艺名"小云"，兼演刀马旦。早间曾随李春福学习老生，是其把手徒弟，1907年起先后受教于张芷荃、戴韵芳、陈德霖、路三宝、王瑶卿等名师，演艺突飞猛进，14岁获得"第一童伶"的美誉。16岁出科后，与孙菊仙合演《三娘教子》《战蒲关》，与王瑶卿合演《乾坤福寿镜》，与杨小楼合演《湘江会》《楚汉争》等戏，与余叔岩、谭小培、王又宸、马连良等多人合作演出。他是"正乐三杰"之一。 20世纪50年代之后，尚小云的表演艺术达到了成熟境界，便将《梁红玉》《汉明妃》《银屏公主》《墨黛》等剧目加以加工和提高，对传统戏剧《御碑亭》《打渔杀家》《霓虹关》等重新精心雕琢，使其成为尚派艺术风格特色的代表巨作，至今代表着京剧旦角艺术的顶尖水平。

（二）尚派艺术

尚小云因唱腔以刚劲著称，强调一种力度，大开大合、大起大落、强调一种顿挫、棱角分明的表演，形成其独特风格，世称"尚派"。尚派唱腔特点讲究攻坚碰硬，真力转折，与此同时又以板头的变化运用，打破唱腔的固定节奏，展现其多彩的内容，在平易简约、坚实整齐中显现出峭险之处。他的演唱继承了阳刚统一的传统，早期一直以青衣口紧字松的唱法，后来辅以婀娜，形成自己独有的风格。他

的发音上抗下坠，对比鲜明，在传统青衣"节节高"的唱法上他可以举重若轻地表演，而且功底雄厚。他的表演功底深厚，嗓音响亮遒劲，音域宽广，高、中、低音运用自如，善用颤音，气息深沉持久，他的唱腔高亢刚健、气力充沛、一气呵成，并能连续使用高腔、硬腔，绝无衰竭之象，听来酣畅痛快。行腔往往寓峭险于浑厚，旋律富力度，顿挫分明。其念白爽朗而有感情，京白的刚、劲、辣尤为出色。他的表演满腹激情，颇具气势，而这也是尚派艺术的一大特色。他还将武生的表演吸收融化，结合到自己的旦角戏里，使旦角的妩媚多姿中又有几分阳刚之美，因此他塑造了众多巾帼英雄和侠女烈妇，代表剧目如《二进宫》《祭塔》《昭君出塞》《梁红玉》等。因此"尚派"代表角色也以巾帼英雄、侠女为多，这需要精巧的武功技巧，即便角色不具有武勇的风格，为追求艺术的温婉之美，尚小云也会

根据剧情所需,适时地采取文戏武唱的方式,以便取得观众视觉上的欣赏美感,力求火爆。譬如在《昭君出塞》中扮演卓文君一角,出塞后换成烈马之时,他使用了鹞子翻身、趟马疾驰、俯冲圆场等武功技艺,这些都便于展现剧中人物的性格,也符合剧情发展的特殊场景需要,极大地提高了艺术上的审美视觉。与其他几位名旦一样,尚小云在京剧界也涉足多种领域,无论青衣、花旦、武旦都能胜任有余,但他的表演不打破各个行当的界限,而是在每一个特殊的环境之下,都以不同的行当去适应表演的需要,这便是其与众不同之处。

其代表剧目有:《梁红玉》《汉明妃》《楚汉争》《玉玲珑》《玉堂春》《十三妹》《梅玉配》《詹淑娟》《天河配》《雷峰塔》《春秋配》《乾坤福寿镜》《银屏公主》《墨黛》《祭塔》《取金陵》《长坂坡》《湘江会》《秦良玉》等剧,拍时装戏《摩登伽女》时还身着西装,用西洋乐器伴奏,一时风靡戏剧界。此外还拍摄艺术片《尚小云舞台艺术》,录制《失子惊疯》和《昭君出塞》两部影片。

尚派传人:长子尚长春攻武生,次子尚长麟攻旦角,幼子尚长荣攻花脸,女婿任志秋攻旦角,女尚秀琴未从艺。较著名的亲传弟子有张蝶芬、赵晓岚、雪艳琴、张君秋(后自创"张派")、孙荣蕙、杨荣环、李喜鸿、孙明珠、董玉苓、李翔、包启瑜、周百穗、童葆苓、尚慧敏(长孙女)、段丽君等,再传弟子有马博敏、李莉、鞠小苏、周利、王玲玉等。

（三）尚小云往事

1.童伶博士

1915年初，尚小云在北京《国华报》举办的菊选中，以18万多票荣膺"童伶博士"。 应天蟾舞台之约只身闯进上海，

他的出色表演深受好评，是继梅兰芳之后南下上海的名旦。日后的十余年间尚小云多次赴沪，每次演出都载誉而归。《申报》将其与梅兰芳相提并论，评论界虽认为尚小云在《彩配楼》的表演上不及梅兰芳，但他的《玉春堂》"不即不离，如黄庭初拓，恰到好处"。民国八年，尚小云在《楚汉争》一剧中扮演虞姬，艳美的扮相可谓称绝一时，此剧后经杨小楼和梅兰芳重排，更名为《霸王别姬》。对于大多名气大的演员，通常每晚只唱一折戏，四五十钟便结束，即便唱"双出"（开头唱一场，末尾唱一场），也不过唱一个多小时，但尚小云唱功相当了得，从开场

一直唱到剧终才谢幕。他的戏通常文武相间，戏风大气磅礴，穿云裂石，时间虽长而嗓子越唱越亮，故有"铁嗓钢喉"之称。尚小云喜好饮茶，也讲究吃，爱广交朋友，因此他的饭局较多，他与另三位名旦以及其他友人每月均有固定聚餐，地点多在北京前门外的泰丰楼，有时会在珠市口丰泽园，又或者在煤市街致美斋。这些艺术名流每每一起谈论琴棋书画，切磋技艺，交流信息。

2.王府书童

尚小云是清初平南王尚可喜的后裔，家世可谓是有根底的。其父为汉军籍旗人，任那彦图王府的大管家。早年家境富裕，不料一场"义和拳"使其家业损毁殆尽。父亲悲忿难解离世而去，尚家开始没落。由于全家生活陷入困境，母亲经人引荐将其送往那府当书童。那王府上下都很喜欢这个眉清目秀、做事伶俐的孩子，尤其深得那王的欢心，那王见他喜好唱戏，觉得这孩子必是个人才，便与尚老太太商议把他送到戏班接受专业的训练，尚老太太一口答应，心想儿子唱戏若是可以唱红成了角儿，母子二人就有出头之日，这比在王府做书童要好得多。由于尚小云体格孱弱，母亲同那王商量希望他可以学习武生，以便练得健壮一些。戏班本是量才器使，但看在那王的面子上允许其学习武生。正因如此，尚小云在四大名旦中武工最扎实，他能打能翻，武艺绝

佳。尚小云成角儿后，不忘那王恩情，每年都会在那王的寿辰上为其演出，唱上一晚的堂会戏（指年节或喜寿之日，富贵人家出资邀请演员为其做专场演出），在那王六十大寿那年的堂会戏上，尚小云作为大轴表演了新排的《玉春堂》，喝彩不断，此后一直为梨园行和老戏迷津津乐道，为那王表演他分文不取，说这是孝敬。

3.毁家办学

"荣春社"在京剧史上堪称著名，该社是由尚小云创办的戏曲科班。1942年前后，为坚持办好他主持的科班"荣春社"，同时也为维持难以为继的"富连成"，他先后卖掉七所宅院的房产。尚小云的"典房办学"，传为一时佳话。荣春社最初是请来老师到家里教儿子尚长春练戏，后又找来几个年龄相仿的孩子陪儿子一起学戏。起先有十八个人学戏，称为"十八子"，之后又多了十八人，便称为

"三十六友"。众人慕名而来，都想加入，于是尚小云萌生自家办个科班的念头，由此便开始筹办，不到一年时间学生已有两百余人。为培育"荣春社"的学生，尚小云花尽心思，不知疲倦，白天察看学生上课，晚上到舞台为学生们演出把场。他教学严格，对学生十分严厉，由于脾气很大，严到不可出一点差池，凡有失误定会责罚，对尚长春的要求更是严厉，惩罚也比别的学生重很多。学生们都很害怕这位严厉的老师，通过一年的培训，"荣春社"的孩子们取得不小进步, 并可以四处演出, 拿出的剧目达一二百之多, 这令尚小云深感欣慰。

4.白皮鞋 "尚五块"

成名后的尚小云喜好西装革履, 更喜好白色的鹿皮皮鞋, 老年人认为穿白鞋不吉利, 因此母亲反对他穿白皮鞋。尚小云为不惹老母亲不悦, 常常出门时都穿一双母亲通得过的鞋, 待到了门外再换上预先藏好的白皮鞋, 回家进门时也会提前换下喜欢的白皮鞋。那时候他已经是京城名人, 别看出门有自己的车, 先头一辆"别克", 后又换了一辆"雪佛莱", 但穿什么

鞋还得听老母亲的，可见孝心至深，他是有名的孝子，对母亲向来是绝对服从。老太太个子矮，要打他又够不着。尚小云就跪下让她打。尚小云仗义疏财，这在梨园界享有盛名，有朋友找上门来寻求帮助，他从不过问缘由，出手就是五块大洋，那年代五块大洋可不是小数目，因此他有"尚五块"的称呼。有时候正与人说着戏，听到门外有小贩卖食物的吆喝声，他就慷慨解囊，全包下来请学生们吃个够，大家高兴了，尚小云也就高兴了。慈善方面，尚小云当称楷模，这与母亲的教诲密不可分，小时候家里穷苦无依，这让他深知穷人的日子不好过，现在发达了理应多多帮助穷人。

5.摩登伽女

20世纪20年代，尚小云别出心裁地
演出过一些时装剧，其中《摩登伽女》可
谓使其备受追捧，业内外都掀起了一股
热潮。这部戏讲述的是一个有关佛教的
故事，他在剧中扮演摩登伽女，烫上卷
发，身着印度风格的服装，穿丝袜和高跟
鞋。在剧情的最后需要跳英格兰舞，为此
他特意跟一位英国舞蹈教师学舞，剧中
音乐用钢琴、小提琴等西洋乐器加以伴
奏。时下多才多艺的杨宝忠每次自己演出
完毕就会立马卸妆，换上西装手拿小提
琴，上场为尚小云的英格兰舞进行伴奏。
这种西式的时装表演在当时观众看来也
正属新鲜奇特之品，虽然后来对于《摩
登伽女》一剧的点评不一，但只要上演这
出时下流行的时装剧，就会将其票价上
涨一块钱。因而在一些募捐赈灾义演中，
或者当他办的荣春社资金运转不周的时

候，尚小云就会拿出这部剧来上演，这样钱就能募集到，资金也能补充上。直到如今，《摩登伽女》始终是尚小云极具代表性、个性的佳作之一，它成为尚小云艺术表演上一个新的开端和转折。

6. 热情传艺

张君秋是受到尚小云的赏识和栽培的，这是梨园界众所周知的。回想当年张君秋年方十六之时，正在王又宸的班社搭班，某日尚小云在华乐学院看他演出

《二进宫》一剧,尚小云尤为欣赏眼前这个年轻人的表演才华,认定其定是可塑之才,戏剧艺术上将来必有一番成就。演出完毕便让戏院老板去叫张君秋,说是尚先生想见见他并在前台柜房等他。二人相见,尚小云给张君秋的第一印象便是豪爽,见面后尚小云表示要言传身教,并邀请他去尚家学戏。旧社会艺不轻传,而尚先生作为梨园界名伶却如此主动热情提拔后辈,着实令张君秋感动。虽然因为张君秋与另一艺人的师徒合作期尚未圆满,所以不能向尚小云行拜师之礼,尚小云却不予计较,一如既往地热情教授

他戏剧技艺，二人在台上也曾合作演出尚派经典之作《福寿镜》，那时候尚小云正逢艺术兴旺之时，要是换作他人估计正是四处演出、大笔捞金之时。至今回忆往事，张君秋都心存感激之情。在他心中，尚小云既是他的老师，更是他艺术生涯之中最重要的伯乐。

7.一怒而去

1949年，尚小云参加完政府为艺人办的讲习班后，回到家中与家人商议"荣春社"散了日后怎么办。于是尚小云决定成立北京市尚小云剧团，尚家仍要继续演戏。为迎合新中国成立，尚小云自掏腰包，置办行头，排演一出名为《洪宣桥》的新戏，讲的是太平军的故事。由于演出未得到上级批准，虽最终上演了，但这出戏并未取得成功。最令尚小云不满的并非戏演得不好，而是一些管理戏班干部的态度，并不拿尚小云当角儿，戏里戏外都不与其商量，更不听分说。相比获得更

多尊重的梅兰芳和程砚秋，个性较强的尚小云体味更多的是粗暴、草率和冷落。

尚小云十分不服，自己也是四大名旦，论功夫、讲人品，哪里逊色于人？所谓"志高如鲁连，德高如闵骞，依本分只落的人轻贱"。尚小云咽不下这口气，一怒而去，离开北京三年。之后他回到北京，住在一处并不起眼的中等之下的院落里，与尚家从前的椿树十二条院所无法相比。这一挪动，仿佛是对他未来命运的预示，好在尚

小云安之若素。后来北京文化机关意识
到此问题，并在汇报文件中反省其对尚
小云尊重不够，态度粗率，没有协助他把
当年的《洪宣桥》演出做好。

　　1966年"文革"开始，十年蒙难使尚
小云心力交瘁。1976年春天，尚小云一如
往常居于家中，突感身体不适，家人立即
将其送往西安市第一人民医院，因心脏病
猝发未能抢救，于4月19日与世长辞，临终
时长叹一声"惜天不假年，遗恨多多"，
一代艺术大师的生命戛然而止。1980年

中央批准为尚小云平反昭雪，魂归故里，将其骨灰移入八宝山革命公墓。为表达对这位京剧名伶的怀念之情，北京各界人士纷纷前往八宝山为其举行隆重的追悼仪式。他生前创办的"尚派"艺术后继有人，仍为菊坛瑰宝，流芳百世。

（四）尚小云生平成就

1914年在北京童伶竞选大会上，尚小云与孙菊仙配《三娘教子》《战蒲关》，被评为"第一童伶"，从此享有"童伶大王"的美誉。1924年已被广大观众誉为京剧"四大名旦"之一。1914年冬天，世人称尚小云、白牡丹（荀慧生）、芙蓉草（赵桐珊）为"正乐三杰"。16岁出科后，与京剧前辈王瑶卿合演《乾坤福寿镜》，与杨小楼合演《湘江会》《楚汉争》等戏，深受好评。1918年尚小云自组"重庆社"，不断排演新剧目，塑造了许多忧国忧民、刚正

善良的古代妇女及少数民族的妇女英雄形象，如《卓文君》《林四娘》《秦良玉》《墨黛》《双阳公主》《摩登伽女》《相思寨》《红绡》《峨嵋剑》等诸多精品剧目都是出自他首创，也成了他的独有代表剧。1927年在北京《顺天时报》发起的名伶评选中，尚小云凭借新剧《摩登伽女》当选为"四大名旦"之一。

1937年，他不惜家产创办了荣春社科班，培养出"荣""春""长""喜"两科学生和许多优秀戏剧人才，如：中国戏曲学院的谢瑞青、鲍绮瑜，北京市戏曲学校的李翔等都曾身受他的亲传。他培育后辈不遗余力，既专又博。他艺术态度严谨，于人于己都严格要求，生活中为人热情，仗义慷慨。"荣春社"培养了两百余名戏剧表演人才，遍布全国各地，桃李满天下。解放后组建尚小云剧院并担任团长。1959年应邀到西安任陕西省京剧院院长兼陕西省戏曲学校艺术总指导。

历任北京市文联常务委员、南京戏曲改
进处副主任，中国剧协理事，陕西剧协常
务理事，中国戏曲学校顾问，陕西省京剧
院院长等职。1962年西安电影制片厂为
他拍摄了彩色艺术影片《尚小云的舞台
艺术》，录制影片《失子惊疯》《昭君出
塞》。尚小云一生在京剧演出和京剧教育
事业中发挥了重大作用。

（五）尚小云故居

尚小云故居位于北京市山西街北面的椿树下二条1号，离荀慧生故居不远，这里也是荣春社旧址所在地。新中国成立后，尚小云将这处宅院卖给了国家，全家迁往西单附近定居。后来这里归宣武区椿树派出所管辖，多年后因城市建设需要，此处胡同故居全被废弃，当年的尚小云故居地如今已是一片高楼林立。

六、博收广采之荀慧生

（一）荀慧生简介

荀慧生（1900—1968），祖籍河北东光，初名秉超，后改名秉彝，又改名"词"，字慧声，号留香，艺名白牡丹。1925年与余叔岩合演《打渔杀家》起改名荀慧生。他出身贫苦农民家庭，自幼被卖给天津一个梆子戏班，后又转卖给河北梆子花旦庞启发为徒，受到严格训练，也吃尽了苦头。8岁在天津首次登台，

1910年师从梆子演员侯俊山。1911年入三乐班，从路三宝、薛兰芬学京剧青衣、花旦，与尚小云、赵桐珊称为"正乐三杰"。曾拜师吴菱仙、陈德霖、王瑶卿为师。19岁参加喜群舍开始专演京剧。荀慧生一生演出三百余出，其中代表剧目有《元宵谜》《玉堂春》《棋盘山》等，并与杨小楼、尚小云、谭小培合称"三小一白"。1927年和1931年两次当选"四大名旦"，享有"无旦不荀"的美誉。除京剧之外，荀慧生还喜欢作画。1927年拜吴昌硕为师开始学画，后又求教于齐白石、陈半丁、傅抱石、李苦禅、王雪涛等名师。作画极大地提高了他的艺术涵养，丰富了他的艺术人生。

（二）荀派艺术

荀慧生的唱腔温婉动听、俏丽多姿、声情并茂、感人至深，因以"柔媚婉约"著称，称之为"荀派"。他善于使用上滑下滑的装饰音，听来俏丽、轻盈、谐趣，具有韵味。他编制新腔坚持让观众喜悦、听懂、动情三点原则，《红娘》中的"反四平调"可谓脍炙人口。他的念白柔和圆润，享有音律之美，他不照搬传统的

韵白和京白，而是从剧中人物的思想感情出发，精湛地表露人物内心活动，轻重缓急都恰到好处，流利感人，又户广八耳。他的表演既表现出音乐之美，又展现出生活之美。荀慧生的功底深厚、戏路宽广，能吸取梆子旦角艺术之长处，将京剧青衣、花旦、闺门旦、刀马旦等表演融于一体，在其表演中还会兼有京剧小生、武生等行当的技艺，甚至将国外舞蹈的步伐结合到表演中，以便更好地根据剧情去塑造剧中人物角色。荀慧生在唱腔、身段、服装、化妆诸多方面都有大胆的尝试与革新，他博收广采，敢于标新立异。他所表演的人物角色更注重于刻画人物心理状态，也注重人物在舞台上的每一个动作的细微之处，他坚持旦角的表演一定要给观众以美的感受，动作所到之处一定要美、媚、脆，并要求演员能够把女性的妩媚闪现于喜怒哀乐、言谈举止之间，与此同时，身段动作变化多姿，尤其

讲究眼神的运用，将其结合角色人物的
一举一动、一指一看，使表演节奏鲜明，
富有韵律，演员出场之时便光彩照人、满
台生辉，令人眼前一亮带给观众耳目一新
的感觉。因而荀慧生自如挥洒的表演通
常感情细腻、活泼多姿、文武兼备、唱做
俱佳。

其代表剧目有：《胭脂虎》《红娘》
《绣襦记》《丹青引》《勘玉剑》《钗头
凤》《鱼藻宫》《荀灌娘》《贩马记》《玉
堂春》《十三妹》《得意缘》《花田错》
《元宵谜》《辛安驿》《香罗带》《金玉

奴》《红楼二尤》《杜十娘》《霍小玉》等，并著有《荀慧生演剧散论》《荀慧生演出剧本选集》《荀慧生舞台艺术》等书。

荀派传人：荀派艺术流传极广，丰富多彩。荀慧生弟子甚多，不计其数。其长子荀令香是工旦，其女荀令莱亦为其传人。他指导和亲自传授技艺的学生、徒弟、后人有：吴纪敏、金淑华、李薇华、荀令莱、宋德珠、毛世来、童芷苓、李玉茹、李玉芝、吴素秋、赵燕侠、小王玉蓉、张正芳、尚明珠、厉慧敏、陆正梅、宋长荣、李妙春等，还有许多人虽未拜师，但也得其亲授。

（三）荀慧生往事

1.轰动上海

1919年秋天，年方19岁的荀慧生首次赴沪演出，正逢上海天蟾舞台邀杨小楼组班南下表演，杨小楼认为荀慧生是青年才俊，是不可多得的戏剧人才，将来定会很有前途，甚至不逊于梅兰芳，因此刀马旦一角杨小楼顶力推荐荀慧生去演，谭小培扮老生，尚小云扮青衣，史称"三小一白下江南"。9月9日，三小一白在天蟾登台，头天打炮戏开锣及前场由上海本地的班底承当，其中荀慧生与李桂芳、何金寿演《花田错》，转天荀慧生上演了《贵妃醉酒》，第三天他与林树森合演《梅龙镇》，三天炮戏场场精彩，演出极为轰动。演出期满，荀慧生因在上海人气飙升，有着特殊号召力，当即被天蟾好言挽留，签为台柱，一直演出大半年。除演出刀马旦的传统戏目外，荀慧生为符合

当地观众喜好，演出期间还编演了许多新戏，其中《荀灌娘》《拾玉镯》《西湖主》等均为其之后常演剧目。荀慧生的表演从人物感情出发，充分展现人物内心世界，轻重缓急、恰到好处，流利感人、声声入耳，既有音乐之美，又表现了生活之美。可以说白牡丹（荀慧生艺名）初下江南，则一举成名，征服了上海观众，这为其艺术生涯谱写了辉煌的一笔。

2.教学严谨

荀慧生文学修养颇深，喜好读书、绘画。他做事情很有韧性，从不浅尝辄止。无论酷暑严寒，不论在任何地方，四十年从未间断，每天都坚持写艺术日记。荀派艺术形成后，其弟子遍布天下，桃李满门。荀慧生教学态度严谨，对学生一视同仁，没有亲疏厚薄之分。对登门求艺之人也是尽心指点，倾囊相授，为人亲和。1959年，荀慧生的剧团为向国庆十周年献礼而重新排演《荀灌娘》，他将此戏传授

其弟子孙毓敏。一日在荀家大院内，荀慧生正在向其徒孙毓敏传艺，此时正排练荀灌娘改扮男装趟马一场戏，荀慧生满头大汗地给孙毓敏当马童，当时去荀家采访的记者亲眼目睹了眼前的一幕，深感荀慧生教徒之严谨，十分敬佩，并当场提出要求要给荀灌娘勒马的姿势拍一张照片。荀灌娘勒马之时要把左脚蹬在马童的右腿上才能塑造出一个美的形态，荀慧生察觉到孙毓敏有踌躇之意，便当即爽快地拍一下自己的右腿，和颜悦色地说："来吧，孩子！假戏要真做，我汗都出了，蹬一下腿有什么关系！"这幕情景非常感人，深深感动了在场的记者，可见荀慧生对教学的一丝不苟。

3.爱国情怀

1937年7月7日，震惊中外的"七七卢沟桥事变"爆发，日本侵略者发动全面侵华战争，顿时国难当头，中华民族处于生死存亡之际，古语道"天下兴亡，匹夫有

责",荀慧生深明大义,不顾个人安危,冒着枪林弹雨亲赴前线慰问演出,为抗日战士鼓励打气。前沿战地上炮火纷飞,他以一曲《荀灌娘》振奋人心,令战士们热血沸腾。其中有一战士受伤严重,临死前的最后心愿就是想听一段荀慧生的《红娘》,荀慧生深受感动,满含热泪抱着这名战士演唱,这名英勇战士在喜欢的曲目中,在荀慧生的怀抱中为国捐躯,此幕让在场的每一名战士流下了眼泪。荀慧生在战地得知，由于我军没有强力的战斗机，无法抵御日军战斗机的狂轰滥炸，伤亡极其惨重，他悲愤不已，连忙回京义演连续一周，并将全部的演出收入捐给了前线抗战。荀慧生曾多次通过义演为前线战士捐献飞机，为新中国的解放事业做出了极大贡献。虽然荀慧生一生命运多舛，经历过许多不为人知的磨难，但在他崎岖坎坷亦多姿多彩的舞台生涯中，他心中充满着浓浓爱国情怀，具有一颗强烈爱国心，可谓德艺双馨。

4.梨园公墓

　　荀慧生没有显赫的家世，也并非梨园世家，他出身贫寒，一生经过自己的艰苦奋斗才在梨园界获得声誉。在京剧艺术上与其他三位名旦一样力求创新改革，然而他在艺术上的苦心追求并非一帆风顺，早年踏入梨园行曾受到一些思想陈腐守旧的老演员嘲笑，甚至在荀慧生演出时候进行干扰，他们在幕后故意大声学荀慧生带有梆子味的唱腔，作为后辈的荀慧生只能忍气吞声，正由于此，他形容自己的演艺经历是一部伤心史。也正是由于自己的经历坎坷，使之对普通的艺人充满同情之心，旧时唱戏人社会地位低下，一旦失去表演能力，处境堪忧，别说断了生活来源没饭吃，甚至死后都无葬身之所。荀慧生经常对困苦窘迫的艺人解囊相助，经他倡议，四大名旦带头参与募捐购买义地的活动，许多著名艺人也积极加入，在自新华路买下十二亩空地，建成"梨园公墓"。

5.拜师学画

昔时唱戏名角多通诗赋，喜好书画，荀慧生、梅兰芳均擅此道，而作为画家的吴昌硕也好京戏，与梅兰芳和荀慧生都有着不错交情。荀慧生在赴沪献艺之时，因仰慕吴昌硕之绘画，便在书法家刘山农的引荐之下结识了吴昌硕，带着自己的画作登门求教，吴昌硕本是喜好京剧之人，二人志趣相投，吴昌硕见荀慧生年纪轻轻有意于书画，心怀欢喜。在吴

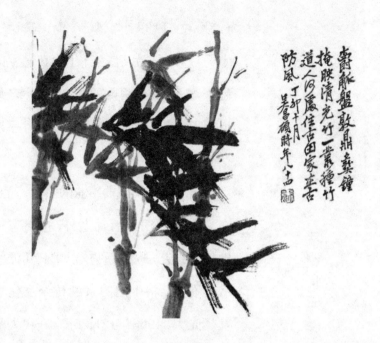

昌硕八十寿辰之际，许多友人及其门弟子为其庆贺，一时嘉宾云集，气氛热闹，在当晚的京剧演出上梅兰芳与荀慧生都到场助兴，荀慧生独自表演一出《麻姑献寿》外，还与袁寒云合演梅派的《审头赐汤》，梅兰芳则反串演了荀慧生拿手好戏《拾玉镯》，这为80岁的吴昌硕带来了无尽快乐。1927年荀慧生赴沪献艺，在一品香向吴昌硕行拜师礼，吴昌硕也是甚为喜爱自己的这位弟子，并于这年十月赠诗

一额,文曰"乐仙飘飘"。也正是这一年十一月末,吴昌硕溘然长世,荀慧生闻讯赶来,痛哭这位恩师的离去。虽然老师离世,但荀慧生日后仍与其后人来往不断,友情延绵。

出于对中国戏曲事业的热爱,荀慧生在其繁忙的演出活动之外,也不忘热心地传授技艺,提携新秀,以求其荀派艺术后继有人,将中国的京剧传统文化事业发扬光大。1968年12月26日,一代大师荀慧因诸病发作病故北京,黯然离世,终年68岁,当时没有一个亲人在场,可谓孤单告别人世。

(四) 荀慧生生平成就

　　京剧四大名旦之一的荀慧生先生是
一位值得中华儿女骄傲、值得后人敬仰
的艺术大师。他出身贫苦，6岁就被卖到
了戏班子，从一字不识的穷孩子到戏班
学唱梆子，经艰苦磨砺，在其27岁时获得
了"四大名旦"的桂冠，与梅兰芳、程砚
秋、尚小云并驾齐驱，成为京剧界响当当
的名伶，成为独领风骚几十年的艺术大
师，培育出不计其数的优秀京剧人才。他
除在中国戏曲研究院、中国京剧院等处
兼职授课外，还在各地演出时随时对学

生加以指点，荀慧生向他们授艺，一丝不
苟，在他的倡导之下，中国戏校曾开设练
字学画课程，他专门讲授了戏理与画理
相通的道理。被他提携的后辈京剧演员
众多，如童芷苓、吴素秋、李玉茹、孙毓
敏、宋长荣、刘长瑜等人。其中宋长荣于
1961年拜荀慧生为师，是其关门弟子。荀
慧生创始了"荀派"别具一格的艺术风
格，使其成为京剧中的四大名派之一，深
受民众喜爱；他不畏强暴，支持抗战和祖
国的解放事业，多次义演为国捐献飞机，
为新中国的解放做出巨大贡献；他富有
善心，修建梨园公墓。他历任中国戏曲家
协会艺术委副主任，北京市戏曲研究所
所长，河北省梆子剧院院长，河北省政协
委员，北京市文联常务理事，北京市戏曲
编导委员会主任等多职。1938年参与北
京伶界救济黄河水灾义务演出，发挥了一
名艺术家对社会的号召力和影响力。他
为艺术事业孜孜不倦追求，勇于改革创

新，为京剧事业奋斗终生。

（五）荀慧生故居

荀慧生故居位于北京宣武区山西街甲13号，这是他自1957年开始居住近十年的地方。这是一个带花园的四合院，荀慧生喜欢种树，并亲自栽种了梨、柿、枣、杏、李子、山楂、苹果、海棠等数十棵果树于庭院花园中，他精心培育耕耘，荀宅

的枣子品质上佳，味道香甜，收获的果实便会赠予梅兰芳、老舍、田汉、欧阳予倩等友人。他将劳动工具擦拭干净后摆放在小厢房中，整齐有序，这座宅院幽静闲适，为其带来了不少生活乐趣。早年荀慧生还先后在南半截胡同、香炉营二条、椿树上三条路北等处居住。

七、结语

　　梅兰芳、程砚秋、尚小云、荀慧生这四位杰出的旦角表演艺术家，无疑是20世纪20年代在京剧表演艺术舞台上光辉璀璨的四颗耀眼明星，他们一改往日老生唱主角的天下，为旦行做出了巨大的贡献，营造了旦角挑班表演的新局面，四人凭借各自特色和艺术风格进而形成京剧旦角四大主要流派，创造了京剧舞台争奇斗艳、绚丽多姿的鼎盛年华。梅兰芳的艺术

表演塑造了众多雍容华美的舞台角色，素以庄重深邃、气势非凡、简洁凝练而艺压群芳，成为京剧旦角的楷模，被京剧界誉为一代宗师。程砚秋的艺术表演以文武昆乱相当精湛的艺术造诣而深受观众之青睐。尚小云的艺术表演则以神完气足、明快俏丽，美媚柔脆和文戏武唱为主要特色，又具有其标新立异之处。荀慧生的艺术表演则绝无矫揉造作之感，能以神传意，挥洒自如。王瑶卿曾给四大名旦每人一个字的评价，梅兰芳"样"，程砚秋"唱"，尚小云"棒"，荀慧生"浪"，这精准地反应了四大名旦各自的表演艺术特色。

然而从他们的经历看来，每个人达到的艺术高峰都不是随便企及的，四个人都经历过艰苦勤奋的训练，方才有扎实的基本功，才能在舞台上活跃几十年之久而魅力不减。艺术长青是需要灌溉的，老一代艺术家对自身功夫不断的修炼

提升和为京剧事业所作的辉煌成绩都为
后人所钦佩。京剧所达到的崇高艺术境
界，不仅有丰富的表现形式，而在其中所
昭示的理念和其蕴含的深刻思想都让人
为之震撼。然而京剧并不是一门简单的
艺术，它的艺术表现力毫不逊色于影视
表演，而且可以说对表演者的综合素质要
求更严格。

四大名旦在中国京剧史上书写了辉煌
的一页篇章，无论是梅兰芳先生的梅派，
程砚秋先生的程派，尚小云先生的尚派，

还是荀慧生先生的荀派都是中国京剧艺术的瑰宝，是一笔永不磨灭的财富。在为他们精湛的表演艺术所深深折服之时，更令人感叹的是他们高尚的人格和品质。在那个动荡混乱的年代，他们没有趋炎附势，宁愿闭门都要坚守原则，他们有着强烈的爱国主义情怀。解放后，他们又在培养后学、京剧发展和中外文化交流上都做出了许多重要贡献，他们的艺术作品和人格魅力深深地感染打动着后人。